A PROPOS

DE LA

BIBLIOTHÈQUE COMMUNALE

DE

SAINT-ARNOULT

(Seine-et-Oise)

A PROPOS DE LA BIBLIOTHÈQUE COMMUNALE DE SAINT-ARNOULT

(Seine-et-Oise)

Récréation et Instruction.

MODESTES OBSERVATIONS

ET

LETTRE AUX INFORTUNÉS CINQ

PAR

Le Sixième Catholique et Beauceron

Du Canton Sud

VERSAILLES

L. RONCE, LIBRAIRE-ÉDITEUR

RUE DU POTAGER, 7 ET 9

1883

À PROPOS DE LA BIBLIOTHÈQUE COMMUNALE

DE

SAINT-ARNOULT

(Seine-et-Oise)

Récréation et Instruction.

MODESTES OBSERVATIONS

ET

LETTRE AUX INFORTUNÉS CINQ

PAR

Le Sixième Catholique et Beauceron

Du Canton Sud

VERSAILLES

L. RONCE, LIBRAIRE-ÉDITEUR

RUE DU POTAGER, 7 ET 9

—

1883

AVANT-PROPOS

M. Jules Poupinel, Avocat, Conseiller général du Canton Sud de Dourdan (Seine-et-Oise), ancien Maire de Saint-Arnoult, Conseiller municipal de cette commune, Président de la Délégation cantonale, etc., etc., a livré à la publicité le *Catalogue de la Bibliothèque communale de Saint-Arnoult,* en le faisant précéder d'observations injurieuses pour la Religion.

La présente brochure a pour but d'y répondre.

PRÉFACE

OU IL EST QUESTION D'UN HOMME BIEN ENNUYÉ ET D'UN FRACTIONNEMENT EXTRAORDINAIRE.

« *J'ai voulu le savoir, ennuyé d'entendre dire avec tant d'aplomb que les catholiques sont la majorité, et des renseignements que j'ai pris et crois très exacts il résulte que, sur 3112 électeurs, il y en a Cinq seulement, répartis en deux communes, qui consentent à s'agenouiller devant le prêtre.* » (Extrait du Catalogue.)

Heureux canton ! Il n'est pas, celui-là, gangrené par la lèpre cléricale. Cinq sur 3112 ! C'est peu d'un côté, et beaucoup de l'autre. Et quand on pense que ces cinq Incurables sont répartis en deux communes ! Dans quelle proportion, juste ciel ! Faut-il, imitant Salomon, aller jusqu'à l'homicide pour assurer l'exactitude du fractionnement ? Une seconde édition du Catalogue nous le dira sans doute.

Quel Catalogue ? Je m'explique, ami lecteur : mais ce nombre atrocement minime de Cinq m'obsédait, et j'ai sacrifié lâchement la clarté de l'exposition au besoin de vous faire part de mon trouble, en présence de cette proportion accablante et si triomphalement proclamée.

De quoi s'agit-il ? Quel est le sujet de ces *Modestes Observations* ? Quels sont les auteurs qui se saluent courtoisement de la plume ?

Le sujet ? C'est un Catalogue, mais un Catalogue qui ne ressemble pas à tous les autres. Ordinairement le Catalogue se présente avec candeur, sous l'aspect assez froid d'une sèche nomenclature. C'est une suite de noms d'auteurs, j'allais dire d'étiquettes, proposée au choix du lecteur ou de l'acheteur.

Ici, c'est bien autre chose. Le Catalogue a des allures **guerrières** et provocatrices. Il veut être gai et instructif tout à la fois, témoin son titre : *Récréation et Instruction*. Qu'il ait réussi à être l'un et l'autre, c'est absolument certain, j'essaierai de le démontrer, et pour preuve immédiate de l'estime que j'en fais, je m'approprie son titre.

Ce n'est pas seulement une offre, c'est une exhortation chaleureuse ; ce n'est pas seulement une simple indication de livres à lire, c'est un enchaînement de calembredaines, c'est un BONIMENT.

Boniment ! Le mot est écrit, je ne le retirerai pas : il est d'une vérité incontestable dans la circonstance. Il explique d'ailleurs parfaitement, autant qu'il excuse, si besoin est, la tournure parfois plaisante que prendront les lignes suivantes.

Sans doute, le sujet mériterait une certaine solennité. Il y a des questions, surtout la question religieuse, qu'on ne devrait traiter qu'avec un respect complet, même dans la forme. Mais comment voulez-vous raisonner avec quelqu'un qui ricane ? Si encore le blasphème qui s'étale dans ce Catalogue était agrémenté de cette pointe cruellement spirituelle que savait y placer le Maître ? Au moins le grand insulteur du XVIIIe siècle s'appelait Voltaire. Au XIXe nous n'avons plus que Léo Taxil et son... comparse ; c'est maigre !

Que ce soit là, ami lecteur, un motif d'être bienveillant pour l'auteur de ces *Modestes Observations* qui, malgré son obscurité et son ignorance, a l'orgueil de se croire digne de pareils adversaires.

Commençons, et bien rapidement lisons ensemble cet édifiant Catalogue.

Le chemin sera peut-être un peu long : puisse-t-il vous réjouir et vous indigner tout à la fois autant qu'il m'aura égayé et écœuré moi-même!

CHAPITRE PREMIER.

Exhortation charitable. — Précautions sanitaires. — Famille désintéressée. — Innocente personnalité. — Pauvre bibliothécaire !

Quelle belle occasion d'abord de faire la plus innocente des personnalités, si je n'avais pris la résolution de les éviter, autant que possible : car il sera bien difficile, le débat l'exigeant, de ne pas attaquer parfois ce qu'on appelle le fait personnel !

Ami lecteur, lisez et jugez; j'aurai toujours bien soin en effet d'abuser des citations et des guillemets.

Les premières ont pour but d'assurer la loyauté de la discussion.

Les seconds, je le confesse ingénument, dût-on me taxer de puritanisme exagéré, auront pour mission d'isoler nos textes. Ce sera, si vous le voulez bien, le cordon sanitaire très utile, vous le verrez, à certains endroits du Catalogue.

L'auteur débute par une énumération.

Les mauvais temps, les mauvais jours, la maladie, tout cela tendra à disparaître, comme la religion dans le canton (témoin les malheureux Cinq), si vous lisez mon Catalogue. Et le mal de dents? Et la rage? Une *Série* parle de cette dernière infirmité : *Ne manquez pas de la lire, page 18*.

N° 17. *Le Manuel de la rage (figure)*.

Figure de qui?

Je recommande aussi et immédiatement (et ce sera notre seul point commun, je le crains) la lecture de ce *Manuel* à tous ceux qui seront atteints de n'importe quelle rage, fût-ce même de la rage anti-religieuse.

Je ne demande pas à voir la figure; chacun son goût.

Pardon! je me suis égaré; revenons à la citation promise.

« *Mais les ressources de votre Bibliothèque vont déjà se trouver partiellement assurées par la donation d'un de mes fils, que je transcris ici, d'abord pour engager...* »

O désintéressement paternel ! Nous autres (et ma pensée se reporte avec tristesse vers les malheureux Cinq), nous comprenons autrement les donations charitables. L'Évangile, un livre bien clérical que nous nous obstinons à lire et dont nous nous efforçons de mettre en pratique les leçons, nous dit dans son langage expressif : que la main gauche doit ignorer ce que fait la main droite. Il est vrai que le texte sacré n'ajoute pas que Jules doit ignorer ce que fait Maurice ; et pour la loi (le plus modeste jurisconsulte le sait), tout ce qui n'est pas défendu est permis.

C'en est donc fait ! Une rente perpétuelle (sera-t-elle rachetable comme la faute qu'elle consolide ? Mystère et élection) assure à la Bibliothèque communale le revenu d'un capital fourni « *par 1 2/3 0/0 de travaux que j'allais diriger.* »

Eh bien ! je le déclare hautement ! Je regrette qu'on ait accepté cette donation ; et je me demande ce que pensera, dans son cœur d'honnête homme, le donateur, quand il saura que sa rente perpétuelle aura servi à renouveler les exemplaires, moins souillés qu'ils ne le méritent, de ces ordures littéraires qui s'appellent, par exemple :

Romans et Contes de Diderot, Romans de Voltaire, n°s 236, 302 et 303 du Catalogue.

En finissant sur ce premier point, témoignons notre sympathie à l'infortuné bibliothécaire, que nous n'avons pas l'honneur de connaître, et qui nous paraît bien peu rétribué pour sa vilaine besogne : 50 francs ! C'est peut-être un des malheureux Cinq !

CHAPITRE II.

Tous monomanes. — Tuons les Cinq. — C'est le lapin qui a commencé. — Mon grand-père était pompier. — Epouse et maîtresse.

CLASSIFICATION.

Série A.

Philosophie. — Religion. — Morale. — Politique.

« *Voici un titre qui attire généralement peu les lecteurs dans les campagnes...* »

Je proteste énergiquement; et bien que je sois de la campagne, je me suis avidement jeté sur les conseils si sages et si mesurés contenus dans ce chapitre.
Comme tout cela est délicatement dit !

« *Je ne sais rien de plus intéressant que la comparaison des croyances religieuses, parfois si étranges, qui ont hanté le cerveau des hommes, les ont poussés à des accès de folie furieuse, à se massacrer pendant des siècles... pour quelques différences de croyances...*»

Il y a une chose qui m'étonne profondément : c'est que les Cinq survivants du Canton Sud n'inspirent pas à leurs paisibles concitoyens les plus mortelles inquiétudes. Vite, à ce reste d'énergumènes, un exemplaire du *Manuel de la rage*, n° 17. Sentez-vous le boniment ? Car enfin ces gens-là ont le *cerveau hanté*. Et s'ils rencontraient des contradicteurs, quel massacre, mon Dieu ! Et les électeurs décimés qui ne seraient plus en nombre ! Et le double collège électoral réduit à l'unité ! Le Sud absorbé par le Nord, comme en Amérique !
Trêve de plaisanteries.
J'avais toujours cru que la *secte catholique* (c'est le mot gracieux qui sert à désigner le Catholicisme) n'était arrivée qu'assez sur le tard à massacrer les adhérents des autres sectes.

Je pensais avec tous les historiens, même ceux du Catalogue, que la secte catholique n'avait pas eu précisément le bon bout durant les premiers siècles de son existence. Est-ce que par hasard ce serait Jésus-Christ qui aurait fait exécuter Ponce-Pilate, et les païens qui auraient été livrés aux bêtes par les chrétiens ?

Et qu'on ne dise pas : « Mais cette sortie contre les Religions les englobe toutes. »

Doucement : la pensée de l'auteur du Catalogue est bien claire. L'ennemi c'est surtout la secte catholique. Et toute cette tirade, qu'il serait fade et presque inconvenant de citer, *et le bûcher presque encore fumant que le grand-père de l'auteur a éteint* (pauvre grand-père, je demande à voir son casque!), *et l'égale bonté de toutes les Religions* (cette vieille scie que râclent avec force bocks les commis-voyageurs en goguette), *et la provocation résultant de l'envahissement de la voie publique par les cérémonies d'un culte, et la société internationale ayant à l'étranger son chef, étranger lui-même*... tout cela est bien usé, bien démodé, et n'est que la pauvre paraphrase d'un hurlement célèbre :

Le Cléricalisme, voilà l'ennemi.

Le pauvre grand homme qui l'a crié ne paraît pas y avoir gagné beaucoup, même parmi les siens.

A ce sujet, permettez-moi un rapprochement qui sera mon unique excursion sur le terrain politique. Près de la couche funèbre de Gambetta il y avait une femme. Personne n'a salué son nom. Elle n'apportait aucun honneur à ce chevet. Il y a quelques jours, quand mourait, respecté de tous les partis, le fils de nos anciens rois, Mme la comtesse de Chambord, fidèle jusqu'à la fin dans son noble dévouement, pouvait dire, au sein de son deuil inconsolable, avec une autorité qui gagnait toutes les sympathies : « Monsieur de Blacas, fermez les yeux de mon mari. » Si l'on veut représenter ces deux scènes, ceux qu'on y verra auront chacun une place dignement gardée, et la morale publique ne perdra rien à connaître leurs noms.

Si nous passions à autre chose : ce ne sera pas plus propre, mais c'est histoire de renouveler l'air, hélas! toujours mauvais.

CHAPITRE III.

Fort en grec.—Les Sœurs et Sa Majesté le Choléra. — Affreuses mutilations.— Pauvres Jésuites ! Immoraux, mais pas seuls à mentir. — Les tonnes *des Crimes* ou enfoncé l'Odyssée. — Un bon curé.

Dangers de l'exagération. — Monomanie. — Folie furieuse.

« **Monomanie :** Folie ou délire sur un seul objet. »

On peut être très fort en grec, et ne pas savoir ce qu'on dit en français. La chose est rare sans doute, elle n'est pas impossible : en voici la preuve immédiatement.

Voulez-vous, ami lecteur, connaître les suites épouvantables de la monomanie religieuse ? Lisez :

« *C'est ainsi que la monomanie religieuse amène bien des gens à croire qu'ils sont sur la terre uniquement pour s'occuper du Ciel, et les pousse à négliger leurs devoirs en ce monde en vue d'une autre vie dans un monde meilleur qu'ils ne savent pas où placer.* »

Dans tous les cas ce n'est pas chez l'auteur que je le placerai moi, ce monde meilleur. Il me déplairait (et ce serait probablement réciproque, chose qui ne peut m'incommoder) d'être dans la compagnie de celui qui peut écrire de pareilles balourdises.

Elles sont donc atteintes de monomanie religieuse, ces admirables Sœurs de Charité, que l'Administration de l'Assistance publique veut bien encore garder dans quelques hôpitaux, parce que le choléra pourrait nous rendre visite, et parce que d'autres qu'elles ne seraient sans doute pas assez MONOMANES! Assurément il n'y a que des fous pour se dévouer jusqu'à la mort ! A ce prix-là, je me fais gloire d'honorer mes adversaires, au point de ne pas les croire entièrement sains d'esprit. Ma foi ! à tous les gens raisonnables je préfère ces pauvres hallucinées, qui ne savent peut-être pas où placer leur paradis, mais qui sont sur la terre l'objet d'un culte enthousiaste de la part des gens de cœur, et d'un inexplicable étonnement de la part de ceux qui en ont moins, ou qui n'en ont pas! Je voudrais bien savoir si l'épouse ou la fille chrétienne *négligent pour cela leurs devoirs?* L'auteur du Catalogue peut-il le dire?

« C'est ainsi encore que sous prétexte d'être agréables au Créateur, des gens se mettent en opposition avec la première loi de la création, et font vœu de célibat, que d'autres se mutilent, etc. ».

Et voilà ce que la passion anti-religieuse peut faire écrire à un homme intelligent! Quel malheur que, se dérobant à la tentation du développement, l'auteur ait accumulé dans un bref *et cætera* toutes les horreurs que sa pudeur, alarmée pour cette fois seulement, se refusait à transcrire!

Le Catalogue revenant un peu plus loin et avec détails sur le célibat ecclésiastique, j'ajourne à ce moment mes humbles réflexions à ce sujet.

Puis vient l'annonce du rayon choisi et chéri de la Bibliothèque communale.

Lisez :

« Parfait : *L'Arsenal de la dévotion ; le Dossier des pèlerinages ; la Foire aux reliques.* — Paul Bert : *La Morale des Jésuites.* »

Il aurait fallu ajouter :

Pour connaître l'histoire de Jeanne d'Arc, lisez-moi *La Pucelle*, cette œuvre malsaine et lâche qui est, a dit Victor Hugo, « un outrage à la décence et à la patrie! »

Tout cela, ami lecteur, est de la même probité historique. Est-ce que, malgré le charme incontestable qu'ils renferment, vous prendriez pour des guides sûrs dans l'étude de l'histoire les grands romans d'Alexandre Dumas père? Ce conteur inimitable brode comme personne, mais personne ne s'y trompe. Or, et Parfait, et Bastide, et Bert, et toute la pléïade des gens de cette sorte, écrivent l'histoire à la façon de Dumas père, avec cette différence importante toutefois : c'est qu'ils insultent ce qu'ils ne connaissent pas et qu'ils travestissent sciemment la vérité. — Un de leurs confrères, Léo Taxil, déjà nommé, et dont les œuvres ne jureraient pas à côté de certains numéros du Catalogue, a éprouvé les inconvénients de cette manière d'écrire l'histoire. Il injuriait dans un libelle infâme un illustre pape, Pie IX. C'était bien peu, un vieux prêtre, et puis il était mort! Malheureusement pour Léo, les héritiers du défunt se sont émus, et cet historien véridique a été convaincu en pleine audience de mensonges et de calomnies atroces, et condamné à 40,000 francs de dommages-intérêts.

La Morale des Jésuites, par Paul Bert.

Nous allons donc, ami lecteur, pouvoir en manger un peu, et en illustre compagnie, de ces excellents Jésuites! Tout libre-penseur, qui se respecte, ne peut se dispenser de s'en servir un.

« Contempler l'aurore chaque matin et se régaler d'un bon Père comme d'un petit pain tout chaud, a dit Joseph Prudhomme, a toujours été l'indice d'une conscience candide et pure, autant que l'honneur de la garde nationale! »

Vous lirez ce livre, je vous en supplie : et si, après cela, vous n'êtes pas convaincu que les Jésuites sont les derniers des hommes, c'est que vous aurez eu l'infamie de nourrir en vous les mêmes immoralités. Car, vous l'avez bien compris, *la Morale des Jésuites* n'est pas autre chose que le tableau de leur immoralité.

Fourberies, vols, dissimulations, moyens pratiques et faciles de couvrir une faute, recettes pour frauder la loi, etc., etc., tout est là-dedans. Et je comprends maintenant, sans peine, que le pudique et vertueux Raoul Rigault ait vengé justement la morale publique offensée, en *procurant* le massacre des Cinq Jésuites (toujours ce nombre mystérieux!), otages de la Commune.

Je me demande même pourquoi, à l'heure présente, on se contente de les expulser, de les disperser : il y a là une lacune qui répugne à ma conscience de Français et d'électeur.

J'en étais à ce point de mes réflexions, et mon indignation était grande contre cette sombre confraternité d'hommes noirs, quand le hasard, un peu *jésuite* en cela, plaça sous mes yeux quelques pages écrites par un de ces mêmes jésuites (le pauvret, quelle audace !) en réponse aux accusations magistrales de M. Paul Bert.

Puisque vous lirez l'Accusation, vous me le promettez, cher lecteur, veuillez parcourir ces extraits de la Défense : ce n'est pas trop exiger, n'est-ce pas ?

« La morale de la Compagnie de Jésus, Monsieur ! Mais vous
« pouviez l'apprendre à l'école de ces grands hommes du chris-
« tianisme, que l'Eglise a placés sur ses autels, Ignace de Loyola,
« François Xavier, Louis de Gonzague, Stanislas Kostka, et cet
« admirable saint français, Jean-François Régis, professeur des
« enfants, apôtre du peuple.

« La morale de la Compagnie de Jésus ! Pour le savoir, il
« suffisait d'interroger ces milliers d'élèves sortis depuis trente
« ans de vingt-neuf collèges. Ami et protégé de M. Lepère
« (député de l'Yonne), auquel vous devez tant, vous avez droit
« à ses confidences intimes. Demandez-lui, s'il vous plaît, Mon-
« sieur, quelle morale on lui apprit à Brugelette, si on lui dit
« jamais que l'ingratitude est une vertu et que la politique excuse
« les abandons coupables. Interrogez nos morts, ces jeunes
« hommes tués à l'ennemi, dont l'histoire (je vous l'envoie)
« remplit trois volumes. Vous y verrez comment ils ont appris
« de nous le Décalogue.

« Voilà, Monsieur, quels témoins il fallait citer à la barre de
« la Chambre, puisque les accusés, contre lesquels vous avez eu
« beau jeu, n'étaient pas là pour se défendre.

« Au lieu de cela, qu'avez-vous fait ? Vous avez eu recours à
« un triste expédient, peu digne de vous, moins digne encore
« de la cause de l'enseignement que vous aviez la prétention
« de défendre.

« Avec quelque légère teinture d'histoire et de bibliographie,
« vous auriez su la valeur du document apporté par vous à la
« tribune avec une solennité qui fait sourire. Permettez-moi de
« vous en révéler brièvement la généalogie :

« Calvin avait publié, sous le nom de *Théologie morale* DES
« PAPISTES, une violente diatribe contre la doctrine catholique.

« Un peu plus tard, en 1632, le ministre Du Moulin remit

« à neuf les calomnies de son maître dans son *Catalogue ou dé-
« nombrement des traditions romaines.*

« Le même pamphlet se masqua bientôt sous le titre hypo-
« crite de : *Théologie morale des* JÉSUITES, œuvre indigeste
« qui passa presque entière dans les *Provinciales* de Pascal.

« Ce n'est pas tout : en 1667, un janséniste, le docteur Per-
« rault, rééditait la *Morale des Jésuites extraite fidèlement de
« leurs livres;* enfin, de 1669 à 1694, Arnauld, aidé de plu-
« sieurs des siens, compilait *La Morale pratique des Jésuites,*
« qu'on a justement définie, une encyclopédie de mensonges
« en huit gros volumes.

« Savez-vous enfin à quel point fut démontrée la mauvaise
« foi des compilateurs ?

« On constata authentiquement jusqu'à *SEPT CENT CIN-
« QUANTE-HUIT FALSIFICATIONS.*

« Je ne doute pas, Monsieur, que vous ne fussiez dans la plus
« complète ignorance de ces détails, et j'ose espérer de votre
« loyauté quelques mots d'excuse et de rectification à la tribune
« même. » (Mais, Rév. Père, vous joignez à l'immoralité la plus
hideuse la naïveté la plus complète : se rétracter ! ce serait
s'exposer à se couper, et le maître réserve cela pour ses chiens.)

« Non pas que les gens instruits de ces choses aient grand be-
« soin d'être rassurés : franchement, oserai-je vous le dire ? ils
« ont souri, peut-être un peu haussé les épaules. Vous êtes
« médecin, Monsieur ? Vous ne vous fâcheriez pas, si l'on appor-
« tait sérieusement, en preuve des maux causés par la profes-
« sion que vous exercez, quelque lourd *factum* avec une comédie
« de Molière ! Le malheur a voulu qu'un savant, un législateur,
« tombât dans une méprise analogue, à propos de la théologie
« catholique. Ce n'est pas celle-ci qu'il faut plaindre...»

Et après cette vigoureuse riposte que j'aurais pu prolonger
pour orner mon humble prose, j'ajouterai :

On connaît cette parole de Voltaire : « Mentez, mentez, il en
restera toujours quelque chose. »

La maxime a toujours cours parmi les disciples du grand
Menteur. Mais, ce qui reste, ce n'est pas, comme l'espérait Voltaire, ce *quelque chose* qui s'attache ainsi qu'une lèpre mortelle à
la vérité pour la détruire lentement.

Ce qui reste, c'est le mépris pour le mensonge, et la plus profonde et chrétienne pitié pour celui qui croit devoir y recourir !

« *Je recommande à tous vos soins le n° 82, les Crimes de l'Inquisition, ouvrage illustré qu'il serait difficile de retrouver : après l'avoir donné à votre Bibliothèque* (en avant la musique !), *j'ai voulu le remplacer dans la mienne, mais les libraires à qui je me suis adressé m'ont dit que tout ce qui restait de l'édition avait été ramassé un même jour par les hommes noirs* (c'est leur expression), *probablement pour le détruire.* »

Faut-il que l'auteur du Catalogue ait une idée peu élevée de l'intelligence de ses lecteurs (je suis toujours tenté de mettre électeurs, j'y ferai attention), pour leur conter d'aussi misérables sornettes?

Cependant tout n'est pas faux dans ce qu'il avance. J'ai juré de dire toute la vérité, je la dirai. Moi aussi, je suis allé aux renseignements, et voici ce que j'ai recueilli.

Récit émouvant.

Un jour, c'était le soir. Cinq hommes masqués parcouraient fiévreusement la sombre ligne des quais qui bordent la Seine à Paris. Une étrange préoccupation paraissait les animer. Ils jetaient des yeux hagards sur les nombreuses boutiques des marchands de bouquins qui avoisinent l'Institut, et, à travers le loup de velours qui cachait leurs traits, on voyait briller des yeux inflexibles comme l'acier, et durs comme la dent du grand Torquemada, d'infernale mémoire.

A distance s'avançait lourdement un de ces immenses chariots où les riches fils de la Beauce accumulent les blonds et lourds épis que leur envoient chaque année la déesse Cérès et un peu la Providence. Le premier tenait la tête des chevaux ; le second était campé hardiment sur le timon ; le troisième faisait le guet. Les deux derniers frappaient d'autorité à la porte de chaque libraire, et à chacune de ces visites s'engageait uniformément le dialogue suivant :

« — Combien en avez-vous d'exemplaires ?

« — De quel ouvrage !

« — Des *Crimes de l'Inquisition*, parbleu !

« — Ah! messieurs, vous me sauvez la vie et presque l'honneur. Mon magasin en est empoisonné. C'est vainement que j'ai fait autour de cette publication largement illustrée la plus acharnée des réclames. Toutes les casquettes à trois ponts, et vous savez que la Seine en est couverte, ont sans succès prodigué leurs fraîches voix pour annoncer cet ouvrage. Ça ne s'écoule pas, et pourtant Dieu sait si je balaye le devant de ma porte! J'en ai porté au boucher d'à-côté! J'ai perdu sa pratique. Il m'a renvoyé mon paquet à la figure, en me disant que ça salissait sa viande. J'ai eu un peu plus de chance chez l'épicier du coin, mais il ne peut s'en servir que pour sa chandelle de la plus basse qualité.

« Votre air mystérieux, l'heure avancée, m'ont fait croire que vous exerciez certaine profession! c'est toujours la même chose, voici mes volumes, emportez-les. Ce sera ce que vous voudrez. Je serai franc, comme engrais ce ne serait pas fameux, quoique ça sente bien mauvais! »

Et nos Beaucerons, enveloppant leurs robustes mains de gants imperméables, saisissent vaillamment, bien qu'avec répugnance, mais il le fallait, les lourds ballots, et leur compagnon les recevait et les chargeait dans le pesant chariot. Les tonnes, non, les volumes étaient si nombreux que leur bourse fut bientôt à sec. Heureusement pour eux, la bonne ville de Paris renferme des amis dévoués. Ils étaient cléricaux, vous les avez reconnus, j'imagine.

Ils frappent à la porte du curé de la Madeleine. Un signe maçonnique établit bientôt entre eux cette confiance exaltée, qui est la conséquence fatale de la *monomanie religieuse*.

« Messieurs, leur dit le vénérable prêtre, je vois justement sur ma table l'offrande qui m'a été donnée hier à l'occasion d'un grand mariage bénit dans la Madeleine par Son Excellence l'Archevêque de Reims, Mgr Langénieux. Il s'agissait, je crois, du fils d'un honorable conseiller général de Seine-et-Oise. J'avais résolu de consacrer cet argent à une bonne œuvre; vous m'en offrez l'occasion, je m'exécute immédiatement et bien volontiers. Je ne vous demande pas quel est votre dessein : je suis assuré qu'il répond à l'estime que j'ai pour vous, et à l'intention de tous les donateurs. »

Et c'est ainsi, ami lecteur, car il faut en finir avec ce trop long et trop authentique récit, que, grâce à l'indomptable énergie des Cinq : « *Tout ce qui restait de l'édition avait été ramassé un même jour par les hommes noirs, probablement pour le détruire.* »

Non, et c'est notre dernière rectification. Ces énormes et infects ballots arrivèrent, toujours la nuit, dans le Canton Sud. Ils passèrent pour de l'engrais, l'odeur s'y prêtant.

Et bientôt la terre, fatiguée jusqu'alors, sentit sa vigueur renaître. C'étaient les *Crimes de l'Inquisition* qui avaient sauvé la vieille fécondité du Canton Sud !

En conscience, après avoir lu un des exemplaires échappés au... naufrage, je ne trouve pas autre chose à dire sur les *Crimes de l'Inquisition*.

C'est bête et sale !

CHAPITRE IV.

Le nombre anti-clérical. — Ainsi soit-il plein d'onction. — Si nous allions au catéchisme ! — Sujet pour la baraque de Toulouse.

Statistique religieuse du globe terrestre.

C'est pourtant une chose bien incolore que la statistique ; le chiffre n'a pas de religion, que je sache. Cependant l'auteur du Catalogue trouve le moyen de lui donner une tournure insultante pour le Christianisme. On a dit de MM. Thiers et Berryer qu'ils savaient communiquer de la passion à une colonne du Budget : il manquait à leur gloire que ce fût une passion antireligieuse.

Citons la fin de l'article ; c'est une vraie perle de bon goût, à jeter, celle-là, sans scrupule : voir p. 10 du Catalogue :

« *On ne put se mettre d'accord et Jésus continue comme devant* à être pour les uns un grand réformateur, le fils d'un charpentier ; et pour les autres un Dieu véritable ou tout au moins le fils de Dieu, ou le tiers de la Trinité catholique composée du Père, du Fils et du Saint-Esprit. »

N'oublions pas le souhait :

« *Ainsi soit-il pour ceux que cela satisfait, et notamment pour la secte catholique.* »

O délicatesse du beau langage !

Cette péroraison d'un esprit si fin et d'une convenance si parfaite est précédée dans le Catalogue d'une erreur grossière qu'il faut absolument relever :

« *P. 9 : On a disserté sur la divinité de J.-C. dans tous les siècles.* »

C'est vrai, et ce même Jésus l'avait annoncé lui-même, quand il disait qu'il serait pour tous un signe de perpétuelle contradiction.

Continuons la citation édifiante :

« *P. 9 : Tout récemment encore, il y a une dizaine d'années, on fit un nouvel effort pour amener les différentes sectes du christianisme à admettre toutes que J.-C. était un Dieu et non un simple réformateur. On réunit à Paris un synode, où parmi les plus grands orateurs qui se firent entendre, figuraient d'un côté Guizot, d'autre côté le pasteur Coquerel, et un grand nombre de célébrités qui vivent encore.* »

Est-ce par ignorance ou de propos délibéré ? l'auteur du Catalogue choisira. Toujours est-il que, dans ce passage, il est fait une regrettable confusion entre la religion catholique et les diverses communions protestantes. Un enfant du catéchisme saurait que ce n'est pas la même chose ; mais ne vaut-il pas mieux lui apprendre que le dernier bûcher est presque encore fumant, et que c'est son grand-père qui l'a éteint ? Je propose que la *baraque de Toulouse* « *p.* 8 » s'enrichisse d'un nouveau tableau. On représenterait le grand-père en question (rien de l'Inquisition), éteignant fièrement le bûcher féodal, et son petit-fils, en récompense, lui offrant le Catalogue de la Bibliothèque communale !

Donc, ce que l'auteur dit des efforts tentés pour réunir les différentes sectes du Christianisme, parmi lesquelles — tel est son style — se trouve la secte catholique, doit s'entendre, ami lecteur, et vous l'avez déjà compris, exclusivement des diverses branches du Protestantisme. Le Catholicisme, lui, n'a jamais varié ; et, depuis la solennelle affirmation du Christ devant Caïphe, il ne s'est pas passé un seul jour, sans que s'élevât du sein de l'Église catholique le cri indéfectible de la Foi en la divinité de J.-C.

Cela peut ne pas cadrer avec l'apostolat à rebours de l'auteur du Catalogue, peu importe.

Conclusion : Savoir et réfléchir avant que d'écrire.

CHAPITRE V.

Un diable de chiffre qui résiste ! — Apostasie et naturalisation. — Question sur le recensement dernier. — Un émule de Richelieu.

Secte catholique.

Il faudrait pourtant s'entendre : ou bien la statistique est une science sérieuse, et alors on doit en admettre les données dans tous les cas ; ou bien elle ne conduit qu'à des résultats inexacts, et alors il faut la rejeter absolument.

Cette remarque, naïve a force d'être évidente, m'est suggérée par le dédain superbe que professe maintenant pour la statistique le même auteur qui, au recto de la même feuille, nous en étalait un pompeux tableau (p. 9 du Catalogue.)

Au recto, il y a 200 millions de catholiques ; au verso, il n'y en a presque plus, et je vous prie de croire, ami lecteur, que l'auteur du Catalogue ne consentirait pas pour un empire (même celui qu'il a servi autrefois) à démordre d'un seul des 500 millions de Boudhistes qu'il nous annonce d'après Hübner.

Ah! pour ceux-là, il n'y a pas de fraude possible; ils sont bien 500 millions, pas un de moins. Mais pour les 200 millions de catholiques, quelle erreur! quelle supercherie! On ne voit de ces corruptions du nombre qu'en temps d'élection.

« *P*. 10 : *De bonne foi on ne peut pas compter comme catholique un homme uniquement parce que le lendemain de sa naissance on l'a fait baptiser.* »

Pourquoi pas ?

Est-ce que, de bonne foi, on ne peut pas compter comme Français un homme uniquement parce que le lendemain de sa naissance, cet enfant, né de parents Français (comme plus haut nous supposons l'enfant né de parents chrétiens), on l'a fait inscrire sur les registres de l'État civil comme Français ?

Est-ce donc à un jurisconsulte qu'un pauvre clerc apprendrait que les immortels principes de 89 n'ont pas vu là une atteinte irrémédiable à la liberté de choisir sa patrie ? Il reste à l'enfant devenu homme le doit imprescriptible de renier sa patrie, par une naturalisation acquise à l'étranger, comme il reste à l'enfant baptisé, devenu adulte, le droit de renier son baptême et d'apostasier. En est-il beaucoup qui le fassent ?

Il y a quelques années, on a fait en France un recensement de la population, avec une mention spéciale pour la religion. Je n'ai pas le droit de savoir sous quelle « *secte religieuse* » l'auteur du Catalogue, dans la plénitude d'une liberté que personne ne lui conteste, a cru devoir s'enrôler : mais je suis prêt à parier que le père, oubliant les lamentables exigences de la vie publique, n'a pas osé rompre, par une note discordante, la religieuse unanimité de cet état officiel de la famille chrétienne !

Si je me trompe, qu'on me le dise ; je ne serais pas le seul à le déplorer.

L'histoire nous apprend que Richelieu — un président de délégation cantonale ne saurait l'ignorer — consacra tout son génie à la réalisation de ces trois points :

Abaisser la maison d'Autriche.

Humilier la noblesse.

Ruiner en France le parti protestant.

Que le lecteur bienveillant nous pardonne cette érudition prétentieuse : mais il nous fallait cet illustre point de comparaison pour arriver à cette triple affirmation du Catalogue :

« *Page* 10 :

1° *Le célibat des prêtres, introduit définitivement en 1545 par le Concile de Trente ;*

2° *La confession auriculaire, c'est-à-dire le pouvoir que plusieurs siècles après Jésus, les prêtres catholiques ont prétendu avoir reçu du ciel, de remettre les péchés ;*

3° *La suprématie des Papes : pour toutes les sectes autres que le catholicisme, le Pape n'est que l'Evêque de Rome, et n'a d'autres pouvoirs que ceux des Evêques.* »

C'est ici, ami lecteur, que s'impose la nécessité très dure, mais prévue plus haut, de multiplier les guillemets isolants et sanitaires : car, en vérité, il est impossible d'accumuler en moins de mots plus d'erreurs effrontées, je ne sais pas s'il ne faut pas dire plus de mensonges froidement voulus.

CHAPITRE VI.

Comparaison entre 1074 et 1545. — Apprenez la grammaire, barbare ! — Les co-Mères de l'Eglise. — Le nom des co-sœurs de Catherine Bora, s'il vous plaît ? — La première à Timothée ou le ménage des gens d'Eglise. — Les crimes de Limours et de Dourdan ne resteront plus impunis. — Saint Houy. — Moyen d'arriver à l'épiscopat.

I. — *Le célibat des prêtres.*

Il est absolument faux que ce soit le Concile de Trente, qui ait introduit définitivement en 1545 le célibat ecclésiastique.

Si je voulais donner à ces quelques pages une extension dont n'est vraiment pas digne, au point de vue du sérieux de la discussion, l'auteur à qui elles répondent, je pourrais accumuler des témoignages pris de siècle en siècle, en remontant jusqu'à l'origine du Christianisme. Et de ces textes, qui remplissent des volumes que l'auteur du Catalogue n'a jamais lus et ne lira jamais (il s'en gardera bien), il résulte avec la dernière évidence, que le célibat ecclésiastique est une loi évangélique, imposée dès le commencement aux ministres des Autels.

Au reste, l'auteur du Catalogue se contredit lui-même :

En effet, si c'est le Concile de Trente qui introduit le célibat en 1545, pourquoi donc nous dit-il :

« *Page 14 : En 1074, l'Archevêque de Mayence assemble un Concile et engage son clergé à renoncer au mariage ou à l'Autel — on veut le mettre à mort.* »

Que vous en semble, ami lecteur ? Si en 1074 l'Archevêque de Mayence somme des clercs, des prêtres irréguliers dans leur vie — et qui donc a jamais soutenu que le clergé soit impeccable ? — d'avoir à choisir entre le célibat et l'Autel, n'est-ce pas là une preuve irréfragable que, dès le onzième siècle au moins, le célibat s'imposait au prêtre catholique ?

On n'est pas plus maladroit ni plus naïf !

Voici qui est plus fort comme aveu d'ignorance :

Toujours page 14.

« *A Constance, l'Evêque prend le parti des CONCUBINATAIRES.* »

Conclusion : les prêtres pouvaient se marier.

O trop candide dialecticien ! Ce n'est donc plus seulement l'histoire, mais le français, cette bonne et vieille langue faite pour la vérité, qui vous échappe ! Faites promptement placer une grammaire et un dictionnaire dans votre Bibliothèque communale : le besoin en est pressant, pour vous du moins.

CONCUBINATAIRE n'est pas français : Littré ne le mentionne pas, et vous ne suspecterez pas cette autorité.

Je lis en effet dans Littré :

Concubinaire : celui qui vit en concubinage.

Concubinage : état d'un homme et d'une femme *non mariés* qui vivent ensemble.

Non mariés ! Mais alors que devient votre assertion !

En résumé, voici le charmant galimatias auquel vous aboutissez :

« Les prêtres avant 1545, pouvaient *se marier* et la preuve (ô sublime de la logique !) la preuve c'est que, au onzième siècle, on en voit qui vivent en CONCUBINAGE ! »

Tout le reste est de cette force ; car il ne faut pas oublier cet autre flamboyant argument :

« *Page 14 : La première œuvre des réformateurs fut d'abolir le célibat des prêtres.* »

Mais alors, incomparable logicien, le célibat existait donc auparavant, puisque les protestants l'ont aboli, et que ç'a même été là leur première œuvre ?

J'ai gardé pour la bonne bouche l'argument triomphant, le voici :

« *Page 13 : Notons que pendant quinze siècles et demi, les prêtres comme les évêques, ont pris femme comme avaient fait d'ailleurs les Apôtres.* (C'est peut-être pour sa femme que le prodigue Judas faisait des économies.) *Même il leur arrivait d'en prendre plusieurs à la fois, puisque saint Paul, dans sa première Épitre à Timothée, recommande* « *que l'évêque soit le mari d'une seule femme.* »

Si après cela vous n'êtes pas convaincu, ami lecteur, c'est que vous êtes bien difficile.

J'avoue que je le suis, et j'en fournis immédiatement les raisons.

Comment se fait-il d'abord, que l'histoire ne nous ait pas conservé le nom d'une seule de ces femmes d'évêques ou de prêtres, qui auraient été, durant quinze siècles et demi, très légitimement unies aux ministres des Autels ? Nous aurions ainsi la liste complète des Pères, et, il faut bien le dire, des Mères de l'Église. Ce silence n'est-il pas significatif?

Il ne peut pas nous suffire de savoir que l'apostat Luther a pris pour femme devant le maire de son endroit la défroquée Catherine Bora pour avoir le droit de reconstituer, par l'imagination, l'état civil du ménage de saint Denis, de saint Athanase et de saint Arnoult!

Pardon! me répond l'auteur, il y a un texte :

Paul écrivant à son disciple Timothée veut que l'évêque soit le mari d'une seule femme.

D'où, probablement, la progression suivante; je ne fais évidemment que traduire la pensée de l'auteur du Catalogue.

Tableau de l'intérieur des gens d'Église.

Évêque : Une seule femme. Voyez la première à Timothée.
Archevêque : Pas de femme naturellement, le grade oblige.
Pape : Pas de femme, il semble!
Mais si! Il y a la papesse Jeanne (*page 20 du Catalogue*). Ami lecteur, pardonnez-moi ce mot, je ne recommencerai plus : Est-ce que le très honorable auteur prend ceux qui se donnent la peine de le lire pour des imbéciles? Si vous le voulez bien, nous la marierons avec le Père Loriquet, et nous leur donnerons pour fils Ignace de Loyola!
Continuons :
Prêtre : Plusieurs femmes, la hiérarchie l'exige.
Séminaristes, Ignorantins : Un harem complet.
Il faut bien le croire, puisque l'auteur (*page 15*) termine par ce sous-entendu plein de saveur :

« *Je n'ai pas besoin d'insister dans le canton de Dourdan d'où les séminaristes ont été chassés et envoyés en cour d'assises.* »

Les voilà, les crimes de Limours et de Dourdan! L'infortuné et candide Houy est dans le vrai quand il proteste de son innocence! Ce sont les séminaristes qui ont tout fait! Que vont devenir leurs malheureuses épouses ou CONCUBINATAIRES je ne sais

Un bon mouvement, M. le conseiller général.

L'à-propos avec lequel vous traitiez cette question du célibat ecclésiastique devant le prêtre qui vous honorait en vous invitant, et devant l'évêque que vous déshonoriez en l'insultant naguère dans sa probité, est un indice que c'est là une de vos préoccupations les plus chères.

J'avoue sincèrement ne pas connaître de séminaristes du canton de Dourdan, qui aient été renvoyés aux Assises ! Citez les noms, si vous les savez, ce sera aussi exact que généreux de votre part.

C'est assez pour le célibat, n'est-ce pas, ami lecteur ?

Ah ! j'oubliais de vous rappeler, ce que vous savez déjà parfaitement, et ce que l'on répète depuis dix-huit siècles à des sourds volontaires.

Paul veut qu'on ne choisisse pour évêque que celui qui n'a été marié qu'une fois, et qui est veuf, bien entendu. Le contexte, la tradition, une interprétation et une pratique séculaires exigent ce sens : tout le monde en est convaincu, même l'auteur du Catalogue.

Voyez-vous d'ailleurs l'excellent moyen qu'auraient les prêtres ambitieux d'arriver à l'épiscopat ? S'ils étaient ornés de deux femmes, ils en tueraient une ; et saint Paul d'une main, leur reste de femmes de l'autre, ils exigeraient une mitre, devant laquelle tous, même nos conseillers généraux soi-disant libres-penseurs, s'inclineraient, sinon à la campagne, au moins à Paris.

Paris est si grand ! Et puis rien ne se sait!

CHAPITRE VII.

Bonne récompense à qui retrouvera le texte. — Crétin de public ! — Les mystères de la police cléricale. — Séduire et épouser, tout est là. — Nouveau calendrier extra-républicain. — Un candidat à la Papauté — Supériorité du voyou. — Anecdote sur le *Syllabus*.

II. — *La confession auriculaire.*

Hélas ! il est toujours besoin de prodiguer les guillemets séparatifs. Ami lecteur, jugez-en : et pourtant je ne me sens pas le courage de transcrire toutes ces petites infamies, lourdes et grossières.

Choisissons, la pincette à la main :

« *Page 12 : Cette parole de Jésus : Confessez-vous les uns aux autres, dans les premiers siècles, voulait dire : Demandez-vous pardon les uns les autres, c'est-à-dire demandez pardon à ceux que vous avez offensés, et c'est ainsi que l'interprètent encore toutes les sectes autres que la secte catholique.* »

Je promets ma voix aux prochaines élections — et ce me serait bien pénible assurément — si l'auteur du Catalogue peut me montrer dans la Bible cette parole de Jésus qu'il traduit ainsi : Confessez-vous les uns aux autres. Allons ! cherchez, je m'engage à corrompre les Cinq.

Suit le roman obligatoire et bien vieux de la transformation de la confession publique en confession privée.

Ecoutez :

« *Page* 13 : *Mais comme il est quelquefois impossible de demander pardon à ceux qu'on a offensés notamment quand ils n'existent plus* (ça, c'est vrai, et c'est une preuve que l'auteur du Catalogue n'a qu'à se dépêcher, s'il veut se mettre en règle avec tous ceux qu'il a insultés), *il y avait aussi la confession publique — cette humiliation en public n'eut pas longtemps beaucoup de succès.* »

D'accord pour le passé : mais ce succès lui est revenu de nos jours, car il est impossible de confesser plus hautement et plus publiquement son ignorance et sa mauvaise action.

« *On imagina de remplacer le public par le prêtre.* »

Ah ! bah. Il était donc mûr pour la tyrannie, ce crétin de public ! Il est vrai que c'était un public clérical !

C'est pénible et bien écœurant, mais il faut continuer :

« *Page 13 : En effet, par le confessionnal le prêtre pénétra les secrets de toutes les familles, sut non seulement ce qu'on y faisait, mais aussi ce qu'on y pensait, et, comme le premier devoir du prêtre est d'obéir à son évêque et par conséquent de répondre à ses questions, les évêques furent les hommes les mieux informés ; on n'inventa jamais une organisation policière plus complète et plus puissante.* »

Voici qui pue son Léo Taxil d'une lieue :

« *Aussitôt établie* (la confession), *les jeunes prêtres abusèrent du confessionnal pour séduire et épouser les jeunes filles riches.*

Pouah !
Encore un effort ! Mais je jure que c'est le dernier sur ce sujet.

« *Page 20 : Comment faire croire que les Curés aient reçu de Dieu le droit de remettre aux mortels leurs péchés, si vous laissez la presse vous montrer qu'ils sont eux-mêmes de très grands pécheurs et compter les jours par les condamnations qui les frappent.* »

Ainsi nous avions autrefois le Calendrier républicain où les noms des saints : Maurice, Victor, Jules, Pierre, Paul, etc., étaient remplacés par des noms de légumes : chou, carotte, navet, cornichon.

Maintenant tout cela est changé : nous compterons autrement les jours, et nous aurons à la place de ces gros légumes les éphémérides suivantes :

1ᵉʳ Brumaire : violent orage dans le double ménage du curé un tel. Finalement, le curé infortuné, cédant à une pensée d'ambition (bien excusable pourtant) a occis ses deux femmes pour arriver à l'Archiépiscopat. (Voyez Paul à Timothée, argument d'analogie.)

1ᵉʳ Ventôse : Le curé un tel ayant pris, devant M. le Maire, pour femme la nommée Jeanne, dévoile ainsi ses honteuses visées à la Papauté, etc... (*A continuer.*)

Est-ce que vous croyez en effet, ami lecteur, qu'il faille traiter sérieusement de pareilles balivernes? Le catholique qui écrit ces lignes se respecte assez lui-même et ceux qui daignent le lire pour ne pas infliger une réfutation en règle de ce rêve creux et malsain. Il est bien convenu que les prêtres qu'il vénère, et qui sont si lâchement insultés, n'ont pas besoin d'être défendus, et qu'ils pardonnent d'avance, comme ils le font toujours, même quand on les fusille, aux énergumènes et aux fous qui les frappent.

Pour moi, j'aime mieux le bête croassement de l'ignoble voyou à la tempe plaquée d'une chevelure graisseuse : au moins celui-là ne sait pas ce qu'il dit, et il n'a pas la prétention d'être instruit !

Dernier et affreux détail : Nous apprenons de source certaine que le prêtre a répondu, comme c'était son plus strict devoir, à toutes les questions de son évêque, et que celui-ci n'ignore rien de ce qu'il avait un si grand intérêt à savoir.

Si quelqu'un de mes bienveillants lecteurs voulait faire une étude sérieuse et approfondie de tout ce qui regarde la confession auriculaire et le célibat ecclésiastique, il pourrait se reporter, entre autres ouvrages, au *Dictionnaire théologique* de Bergier, que je ne vois pas malheureusement dans le Catalogue de la Bibliothèque communale, et il découvrirait là bien des arguments négligés ici, on sait maintenant pourquoi.

L'auteur du Catalogue parlant de la moralité du corps ecclésiastique, je suis obligé de lui rappeler que la statistique de la justice criminelle en France établit de la façon la plus évidente c'est-à-dire avec la rigueur du chiffre, que, de toutes les sociétés, de tous les corps, la société, le corps ecclésiastique est celui dont la moyenne est la moins élevée. Un peu de bonne foi, citez donc ces chiffres que vous connaissez, vous, un conseiller général, un homme public !

Nous autres cléricaux, nous comprenons autrement ce grand principe de la solidarité humaine, je ne dis pas supérieur, mais parallèle à toutes les religions. Quand un homme tombe, à quelque point de l'horizon politique ou religieux qu'il appartienne, nous ne l'insultons pas, nous lui tendons la main, au nom de la Fraternité, qui, celle-là, n'est pas criarde et haineuse comme la vôtre !

III. — *La suprématie du Pape.*

C'est le 3ᵉ point de ce plan digne, avons-nous dit, du génie de Richelieu.

L'auteur a eu tort : le préambule de son Catalogue n'est pas assez épicé sur ce point, je lui recommande cette lacune. Il y a bien la tirade obligée sur le Pape Italien, l'horrible supposition du Pape Allemand, la condamnation du Syllabus « *ce défi jeté, il y a quelques années, au bon sens public et aux sociétés modernes par la Papauté.* »

C'est pauvre ! Souffrez donc, ami lecteur, que mes observations le soient aussi.

Permettez seulement que je finisse par ce mot épique d'un de mes interlocuteurs, conseiller général, s'il vous plaît, devenu depuis député, mort il y a peu de temps.

Nous parlions du Syllabus, et j'essayais timidement de lui prouver que son irritation contre ce document pontifical n'était peut-être pas fondée, en lui citant quelques-unes des propositions qu'il renferme :

« — Comment ! dit-il, il y a ça là-dedans ?

« — Sans doute ! est-ce que vous ne l'auriez pas lu ?

« — Mon ami, s'écria-t-il avec emphase, je ne lis pas de ces saletés-là ! »

Est-ce que ce serait la même chose ici ? Dans tous les cas, ami lecteur, vous me rendrez la justice que j'ai lu, moi, ces saletés-là, et même ce qui est plus grave et ce dont je vous demande infiniment pardon, que je les ai recopiées en partie : c'était dur, mais nécessaire.

CHAPITRE VIII.

La vérité n'est pas au fonds *Dupuis*. — Pauvres Juifs ! — Panégyrique de Voltaire catholique et patriote. — Buffon, Linné, Cuvier, tous vendus au cléricalisme ! — Leçon de convenance donnée par Renan.

Religions diverses.

« *Page* 15 : *Si vous voulez connaître les autres religions toutes aussi curieuses que le Christianisme, lisez n° 6* : Dupuis — *Origines des cultes.* »

Voulez-vous savoir ce que pense de Dupuis un ancien professeur du Collège de France, qui certes n'était pas clérical, Lerminier ?

« Dupuis vit tout dans l'astronomie, et sa théologie est un sabéisme complet (le sabéisme est le culte des astres adorés comme des dieux). S'il détrône les dieux reconnus, c'est pour en installer d'autres (c'est un monomane, voyez page 7 du Catalogue). Le soleil qu'il a magnifiquement décrit et célébré est salué comme le roi de la nature et comme l'image la plus splendide de Dieu... »

Vous voilà joliment éclairés, Beaucerons mes frères ! Il est certain que le soleil pour vous est un ami bienfaisant, et qu'il dore en même temps vos moissons et vos poches. Mais j'ai peine à croire que vous lui éleviez des autels, et qu'au prochain recensement vous répondiez à l'agent ébahi vous interrogeant sur votre culte : Serviteur du Soleil et amoureux de la Lune !

Lisez tout de même Dupuis, ça vous amusera peut-être. Moi ça m'a ennuyé et fait rire en même temps, phénomènes contradictoires que vous comprendrez sans peine.

Il y a aussi le Coran n° 18 « *très intéressant à lire.* » Pourquoi cette tendresse pour le Coran ?

Et le Talmud ! Ces pauvres Juifs, rien pour eux !

Ce n'est pas gracieux pour le député de l'arrondissement,

fort galant homme et qui n'écrirait jamais de pareilles bêtises.

« *Enfin n° 12. La Bible qui est encore plus intéressante que le Coran ?* »

Pour quel motif? Vous pensez sans doute que l'auteur du Catalogue va nous faire son éloge : fi donc ! Son intérêt est en raison directe des erreurs qu'elle renferme.

Lisez plutôt :

« *Page 15 : La Bible nous montre.... quelles étaient les croyances des peuples sur la formation de la terre et l'apparition de l'homme à sa surface : croyances qui n'ont plus cours aujourd'hui* (nous verrons). *La science, qui chaque jour, dérobe à la nature ses secrets et découvre les lois de la création, nous montre que la Bible est remplie d'erreurs...* »

Et cette tartine se termine par ce comble de l'imprudence :

« *Lisez sur cette prétendue révélation* (de la Bible) *Voltaire.* »

J'ai dit et je maintiens que c'est le comble de l'imprudence que de nous présenter Voltaire comme une autorité scientifique. Mais ses contemporains eux-mêmes, qui l'ont couronné, se moquaient de lui sur ce point ! Vous ne savez donc pas les frottées homériques qu'il reçut, sur ses plates épaules, de ses amis et de ses adversaires? Que n'ai-je le loisir de vous les raconter? Il n'y a jamais eu d'être plus rampant devant les grands, plus odieusement tyrannique envers les petits ? Est-ce que vous auriez la prétention de le faire passer pour un ami du peuple? Voudriez-vous nous le donner comme un vrai patriote? Que diriez-vous du Français assez abject pour féliciter Guillaume de la journée de Sedan? Eh bien! votre Voltaire a félicité Frédéric de sa victoire de Rosbach contre les Français! Votre Voltaire, il écrivait que le peuple n'a besoin que de foin, non pas certes pour le vendre, comme nous aimons à le faire, nous autres Beaucerons, mais pour le manger à l'état naturel! (1) Si vous savez tout cela, et que vous osiez encore nous parler de Voltaire en si bons termes, je me demande quelle idée vous vous faites du patriotisme, du respect de vous-même et de vos électeurs !

Voltaire avait de l'esprit, qui le conteste? Un immense talent? D'accord. De la science? Point. N'est-ce pas Voltaire, pour n'en citer qu'un exemple, qui, dans ses *Mélanges*, au mot Coquilles : expliquait la présence des coquilles sur les plus hautes montagnes, et sur les Alpes en particulier « par la foule innombrable des pèlerins qui partaient à pied de Saint-Jacques en Galice et de toutes les provinces pour aller à Rome, par le Mont-Cenis, chargés de coquilles à leur bonnets ! »

Et je me hâte d'ajouter que cette réhabilitation de la Bible part de beaucoup plus haut que l'humble auteur de ces Observations. Malgré ma promesse d'être court et aussi peu pédant que possible, j'aligne rapidement ces quelques textes :

« La description de Moïse est une narration exacte et philo-
« sophique de la création de l'univers entier et de l'origine de
« toutes choses. » — BUFFON.

« Il est matériellement démontré que Moïse n'a écrit et n'a pu
« écrire que sous la dictée même de l'Auteur de la Nature. » —
« LINNÉ.

« Moïse a laissé une cosmogonie dont l'exactitude se vérifie
« chaque jour d'une manière admirable. Les observations géolo-
« giques récentes s'accordent parfaitement avec la Genèse sur
« l'ordre dans lequel ont été créés successivement tous les êtres
« organisés. » — CUVIER.

Et bien d'autres, dont je ne vois pas, hélas! figurer les noms, trop obscurs sans doute, sur le Catalogue, pas même à l'article : Sciences. Décidément le 1 2/3 % *des travaux d'architecte* sera vite absorbé (page 4 du Catalogue).

(1) « Le peuple sera toujours sot et barbare... *ce sont des bœufs auxquels il faut un aiguillon, un joug et du foin.* » (Lettre à Tabareau, 3 février 1769.)
« Il est à propos que le peuple soit guidé *et non pas qu'il soit instruit : n'est pas digne de l'être.* » (Lettre à Damelaville, 19 mars 1766.)

Il faut lire aussi, continue le Catalogue :

« Renan : *Revue des Deux-Mondes*, 1ᵉʳ *novembre* 1882, *page* 15. — *Il vous dira comment l'étude des livres prétendus révélés, les erreurs et les contradictions qu'ils contiennent, l'ont conduit au doute, l'ont fait quitter le séminaire, et renoncer à se faire prêtre.* »

Dieu me garde de choquer ma pauvre et rustique plume au glaive étincelant que brandit l'académicien Renan ! Ce n'est pas certes que sa lyre enchanteresse, pour avoir doucement bercé mon oreille, ait jamais séduit mon intelligence et mon cœur. Toutefois, il faut bien le reconnaître, c'est une mauvaise inspiration qui a poussé l'auteur du Catalogue à renvoyer à cet article. Il est très vrai que M. Renan, dans ses *Souvenirs*, raconte ses hésitations, ses luttes et enfin son départ du séminaire; mais avec quelle mesure, avec quel respect, avec quelle religieuse vénération pour les prêtres qui l'ont élevé !

Quelle leçon de haute convenance aurait prise là l'auteur du Catalogue, s'il avait lu cet article, avant de mettre *au propre* (est-ce bien exact ?) ses notes sur le célibat et la confession auriculaire !

Puisqu'il recommande spécialement à ses lecteurs cette œuvre de M. Renan, qu'il me permette cet extrait que j'en fais à son intention :

« Comme un cercle enchanté, le Catholicisme embrasse la vie
« entière avec tant de force que, quand on est privé de lui, tout
« semble fade et triste. J'étais terriblement dépaysé. L'univers
« me faisait l'effet d'un désert sec et froid... L'écoulement de
« ma vie sur elle-même me laissait un sentiment de vide, comme
« celui qui suit un accès de fièvre ou un amour brisé. La lutte
« qui m'avait occupé tout entier avait été si ardente que main-
« tenant je trouvais tout étroit et mesquin. Le monde se mon-
« trait à moi médiocre, pauvre en vertu. Ce que je voyais me
« semblait une chute, une décadence ; je me crus perdu dans une
« fourmillière de pygmées. »

CHAPITRE IX.

Déluge de bêtises. — Encore Cuvier ; il est incorrigible ! — Toutes les bêtes n'étaient pas dans l'Arche. — L'amiral suisse et l'amiral Thévenard. — Noé et la loi Tréveneuc. — Faut de l'engrais ! — Quelle chute originelle, mes enfants !

Le Catalogue ne se décourage pas, lui, et, dans un second et bien long couplet, il nous chante les nombreuses inepties de la Bible ; tout y passe : la création, le paradis terrestre, Jonas dans le ventre de la baleine, le déluge, l'arche de Noé, la chute originelle, qui amène cette pointe spirituelle : « *Nous n'avons donc plus besoin, pour expliquer la présence des coquillages marins sur les sommets des montagnes, de la légende du déluge que Dieu aurait envoyé pour punir les hommes de leur méchanceté, noyant les innocents avec les coupables, même les enfants qui viennent de naître : ce qui donnerait de la justice divine une aussi triste idée que cette autre légende de MADAME Ève chassée du paradis terrestre pour avoir croqué une pomme, faute assurément légère, pour laquelle Dieu aurait puni toutes les autres femmes, même les nôtres (êtes-vous bien sûr qu'elles ne le sont pas ?) qui, nées dix-huit siècles plus tard, ne sauraient sans injustice être responsables de ce qui se serait passé avant elles.* »

Puisqu'il le faut, remontons au déluge. J'ai malheureusement un texte de Cuvier à qui je demande infiniment pardon de le mettre en présence d'un pareil adversaire.

« Je pense, avec MM. Deluc et Dolonieu (du frétin de sa-
« vants !) que s'il y a quelque chose de constaté en géologie, c'est
« que la surface de notre globe a été victime d'une grande et su-
« bite révolution, dont la date ne peut remonter beaucoup au-
« delà de cinq ou six mille ans ; que cette révolution a enfoncé
« et fait disparaître les pays qu'habitaient auparavant les hommes
« et les espèces d'animaux aujourd'hui les plus connus, qu'elle
« a, au contraire, mis à sec le fond de la dernière mer, et en a
« formé les pays aujourd'hui habités ; que c'est depuis cette révo-

« lution que le petit nombre des individus épargnés par elle se
« sont répandus et propagés sur les terrains nouvellement mis
« à sec ; et par conséquent que c'est depuis cette époque seule-
« ment que nos sociétés ont repris une marche progressive. —
« C'est un des résultats à la fois les mieux prouvés et les moins
« attendus de la saine géologie, résultat d'autant plus précieux
« qu'il lie d'une chaîne non interrompue l'histoire naturelle et
« l'histoire civile. »

Après cela, Cuvier est peut-être un clérical vendu à la secte catholique !

Et l'arche de Noé que nous allions oublier : c'est trop amusant !

« *Page 16 : L'arche de Noé est aussi une légende non moins amusante, mais ce n'est que la création d'un cerveau rempli de poésie : on a calculé que pour contenir une paire de tous les animaux, avec leur nourriture pour plus de dix mois, il faudrait un vaisseau plus grand que deux fois la surface de Paris.* »

C'est clair : on ne saurait être plus affirmatif que l'auteur du Catalogue, marin d'eau douce, amiral Suisse, etc. (sommes-nous assez misérables, nous autres pauvres Beaucerons !) et conséquemment très apte à apprécier les détails de l'art maritime.

Croyez-vous, ami lecteur, qu'il s'est trouvé un marin, un vrai, celui-là, pour ne pas être de cet avis ! C'est humiliant pour un compatriote, je le confesse : glissons sur cette mésaventure.

Voici le texte de M. le vice-amiral Thévenard. (*Mémoires relatifs à la marine*, t. IV, p. 253.) J'admets volontiers que la Bibliothèque communale n'ait pas cet ouvrage : à quoi bon, nous qui n'avons presque jamais le bec dans l'eau ?

« On n'atteste pas ici la vérité du déluge universel, et que
« l'arche ait existé (1). Mais si le fait a eu lieu (2), avec une
« arche dont les dimensions sont exprimées dans la Genèse,

---

(1) Vous voyez combien je suis respectueux du texte que j'invoque.
(2) Cuvier et la tradition l'affirment, honorable amiral !

« chap. VII (1), le simple calcul qu'on vient de voir (2) atteste
« contre Porphyre, Appelles (3), disciple de Marcion, et contre
« un sceptique moderne (4), que ce vaisseau était D'UN TIERS
« PLUS VASTE (*presque* 1 2/3) qu'il ne fallait pour contenir
« très aisément la famille de Noé, les animaux et les vivres. »

Vous entendez : UN TIERS PLUS VASTE QU'IL NE FAUT ! De sorte qu'on aurait pu y placer encore au moins toute une édition des *Crimes de l'Inquisition*, si les pauvres bêtes (je ne parle pas de Noé qui établit l'Inquisition et planta la vigne) n'avaient pas dû en être incommodées : en plus, quelques exemplaires du *Manuel sur la rage* pour guérir les maux de dents des chiens de chasse de Sem, Cham et Japhet, tous trois, comme chacun sait, grands chasseurs devant l'Eternel !

Et enfin, oserais-je le dire, on aurait pu y placer pas mal de conseils généraux au grand complet (côté de la famille Noé, bien entendu); voilà qui simplifierait l'application de la loi Tréveneuc !

Il y a encore la question du curage de l'Arche. On ne voudrait pas nous croire : nous citons à notre très grand regret :

« *Page* 16 : *Et nous aurions à plaindre la famille Noé si elle avait eu à nettoyer tous les jours une arche deux fois grande comme Paris, remplie d'éléphants, de tigres, de lions et de tous les animaux.* »

Ma foi ! Aller chercher des plaisanteries là-dedans, ça n'est pas propre. Faut de l'engrais sans doute, comme dit Labiche dans *la Cagnotte* (rien des 1 2/3 % des travaux d'architecte qui constituent le premier bouton de celle de Saint-Arnoult), mais pas trop n'en faut, même dans le papier qui sert d'introduction au Catalogue ! Quelle noble matière pour la discussion !

Et la chute originelle !

(1) Et c'est bien la question que traite la fine plaisanterie de l'auteur du Catalogue.
(2) Je n'ai pas les chiffres sous les yeux, mais j'imagine que ce doit être trop fort pour nous.
(3) Pas le peintre, j'espère.
(4) Que l'auteur du Catalogue n'ait pas l'idée de se figurer que c'est lui.

Mais l'auteur du Catalogue en est une preuve éclatante ! Il est impossible que le premier homme ait été créé dans cet état-là ! Ce qui est encore plus évident, c'est que le fruit mangé dans certain paradis terrestre doit être bien vert pour provoquer de pareils... retours !

Deux simples remarques, pas pour l'auteur du Catalogue qui les formulerait plus éloquemment, et qui d'ailleurs les connaît aussi bien que moi, mais pour mon bienveillant lecteur qui a le droit, lui, d'être traité sérieusement :

1° Est-ce que tous les jours maître J. (quand il plaide) ne fait pas appel à l'hérédité des bons comme des mauvais instincts ? Il croit donc à la transmission de quelque chose par la génération ! J'entends d'ici ses beaux effets oratoires : à lui la pomme !

2° Toutes les traditions humaines, je dis et lisez bien *toutes*, s'accordent à proclamer la croyance universelle à une chute primitive.

C'est une manière de suffrage universel qu'on ne saurait dédaigner, si l'on veut être conséquent.

CHAPITRE X.

Transition odorante. — Se défier de ses anciens alliés. — Albert, tu t'es ma conduit ! — Lisez Albert, je vous en prie. — Ne manquez pas de lire le *Manuel de la rage*.

Série B.

Agriculture.

Je n'ai rien à observer à ce sujet. Je me contente de vous faire toucher du doigt, ami lecteur, l'habileté avec laquelle notre auteur ménage ses transitions. Plus haut il vous offrait l'engrais de l'Arche qui l'embarrassait : maintenant il vous explique la manière de vous en servir.

Série C.

Législation.

Rien à dire, sinon un étonnement profond à manifester. Avant de donner tous les ans la *Revue des Deux-Mondes*, l'auteur du Catalogue ferait bien d'en parcourir les livraisons, surtout celles où se trouvent les articles dont il recommande chaudement la lecture :

« *Page* 19 : *Lisez pour vous mettre en goût : La Politique concordataire, par Albert Duruy,* 15 *juin* 1882. »

Je veux être sincère et obligeant, surtout avec des adversaires, si ces Modestes Observations m'en suscitaient. Mais, pour Dieu ! lecteur ami de l'auteur du Catalogue, ne lisez jamais cet article d'Albert Duruy. Il est la condamnation la plus sévère et la plus éloquente d'une politique, qui est incontestablement celle de l'honorable conseiller général. Qui nous dévoilera le secret de cette erreur ? Voici peut-être ce qu'il faut dire. Le nom de Duruy, cher à l'Empire, lui aura rappelé une conversion fameuse et désintéressée. « Duruy ! mais ce doit être un ami d'aujourd'hui, puisque nous l'étions autrefois ; nous avons dû changer ensemble ! »

Quelle erreur, grands dieux !

Lisez plutôt ces deux extraits de l'article d'Albert Duruy :

« Tout au rebours (des protestations et des paroles du Gou-
« vernement actuel), ce que nous y apercevons et ce qui éclate
« avec plus de force encore dans la plupart des mesures qui sont
« en ce moment soumises à la Chambre, c'est l'aversion des ré-
« publicains pour la religion nationale. Avons-nous donc cessé
« d'être un pays catholique dans la grande et large acception du
« mot, c'est-à-dire un pays profondément imprégné de tradi-
« tions, de coutumes, d'idées et de sentiments catholiques ? Et
« serions-nous devenus, par hasard, une nation de protestants à
« tendance et à culture germaniques, de juifs à idées cosmopo-

« lites et de libres-penseurs bassement envieux de tout ce qui a
« fait la gloire et l'éclat de l'ancienne France ? On pourrait le
« croire, en vérité, devant le nombre et l'intensité des efforts
« auxquels nous assistons depuis quelques années. Que le gou-
« vernement en ait ou non conscience, qu'il le veuille ou non, sa
« politique n'est pas seulement anti-cléricale, elle est profondé-
« ment, absolument anti-religieuse. Elle ne se contente pas
« d'être hostile à l'Eglise ; le but où elle tend, c'est d'arracher
« du cœur et des entrailles de ce pays sa foi séculaire et d'y
« substituer, sous prétexte de patriotisme, le culte étroit et
« borné d'une forme de gouvernement. L'idée n'est pas neuve ;
« elle avait déjà séduit, à une époque de décomposition sociale
« qui n'est pas sans ressembler à la nôtre, des esprits auxquels il
« paraît plus décent de comparer nos hommes d'Etat actuels,
« qu'à l'immortel auteur du Concordat.

......« Quoi qu'il en soit, et pour finir, un trouble profond dans
« les consciences catholiques, un éloignement de plus en plus
« marqué de tous les esprits religieux pour les principes et le
« personnel républicains, une tension extrême des rapports de
« l'Eglise et de l'Etat, tous les signes précurseurs d'une rupture
« inévitable, voilà jusqu'à présent le plus clair résultat de la pré-
« tendue politique concordataire du cabinet actuel. Et voyez la
« gravité de la situation : ce ne sont pas seulement les catho-
« liques pratiquants qui s'éloignent et s'organisent en vue du
« combat pour leurs croyances, c'est l'élite intellectuelle et so-
« ciale du pays qui peu à peu se détache et va grossir le nombre
« des mécontents et des dégoûtés. Sans doute, il n'y a pas de ce
« chef un danger immédiat ni certain. D'abord, cette émigra-
« tion à l'intérieur ne fait que commencer, et la république
« compte encore dans ses rangs beaucoup de personnalités qui,
« tout en blâmant ses excès, hésitent, faute d'un refuge, à se sé-
« parer d'elle. Ensuite, dans un pays de suffrage universel, il est
« clair qu'un gouvernement sans préjugés peut se passer de l'élite
« et vivre très longtemps avec et par le nombre. Quand le ventre
« est satisfait, la tête ne pèse guère, et présentement le ventre,
« je veux dire les intérêts matériels et les bas instincts de la dé-
« mocratie, n'ont pas à se plaindre. Le pain est bon marché, le
« travail est cher, le bâtiment va. Et cependant tout ne va pas ;

« il y a dans l'air une sorte de malaise et dans les esprits un
« défaut évident de sécurité. C'est qu'on peut aisément décréter
« la morale civique obligatoire : la confiance ne se commande
« pas. On l'a bien vu récemment à l'émotion causée par les ré-
« vélations de M. le Ministre des finances. Devant ce loyal aveu
« d'une dette flottante de trois milliards, venant s'ajouter à un
« budget ordinaire de plus de trois milliards, une stupeur s'est
« emparée des plus indulgents. Combien faudrait-il de temps et
« de millions ajoutés à ces chiffres, déjà vertigineux, pour en-
« lever à la république ses nouvelles couches elles-mêmes dont
« elle est si fière ? C'est ici le secret de l'avenir, et ce secret, on
« n'a pas la prétention de le deviner. Pourtant, sans faire de
« prédictions téméraires, par une simple induction historique, il
« est bien permis de prévoir le moment où, sous l'effort combiné
« de ces deux causes, la persécution religieuse et le gaspillage
« financier, la réaction aura dépassé les sphères inoffensives où
« jusqu'à présent elle s'est tenue, pour s'étendre à tout le corps
« social. Ce ne serait pas la première fois qu'un gouvernement
« qui, dans le principe, avait tout pour soi, l'élite et le nombre,
« les perdrait l'un après l'autre par sa faute. »

Albert Duruy.
(La Politique concordataire).

Série D.

Industrie.

Rien à dire, ou à peu près.
Pourtant, pourquoi cette constatation peu flatteuse pour l'amour-propre communal ?

« *Page 17 : Dans notre village, où l'on ne fait qu'un cidre fort médiocre...* »

Rancune de pomme ! D'où il résulte que Saint-Arnoult n'est pas le paradis terrestre : nous nous en doutions.

Série E.

Hygiène.

« *Page* 18 : *Ne manquez pas de lire :*
N° 17. Le Manuel de la rage (figure), et suivez, s'il y a lieu, ses indications. »

La main sur la conscience, je crois qu'il y a lieu : j'ai exprimé plus haut les raisons de cette grave affirmation.

Série G.

Littérature.

Page 18 : *Le n° 141. Voltaire, édition du centenaire, devrait être dans toutes vos bibliothèques : ce volume contient tous les Romans si amusants de Voltaire, et je ne connais pas un volume qui renferme autant d'esprit.* »

Cette petite réclame en l'honneur du grand insulteur du Christianisme ne peut, je veux être modéré, être le fait que d'un père de famille qui n'a pas lu ces écrits remplis de gaudrioles obscènes.

Série H.

Sciences.

« *N° 17. Faraday : Histoire d'une chandelle.* »

A rapprocher de l'édition des *Crimes de l'Inquisition :* l'écoulement de l'une est plus assurée que celui de l'autre.

« *N° 18. Macé (Jean) : Histoire d'une bouchée de pain.* »

J'aimerais mieux crever de faim que de manger la bouchée de pain, bien maigre, il est vrai, que recueille l'homme chargé de distribuer certains volumes du catalogue.

CHAPITRE XI.

L'Archange saint Mandrin. — Pas de politique ! — Le petit Caporal élevé subitement au grade de lieutenant-général. — Le peuple français décrète. — Est-il permis de rire comme une baleine ! — Une rectification nécessaire sur l'histoire de l'Alsace et de la Lorraine.

Série I.

Histoire et biographie.

Dans toute parade bien faite, il y a ce qu'on appelle le mot de la fin.

Le maître de l'établissement (périphrase respectueuse) réunit dans un dernier effort de ... voix, tout ce qu'il peut ramasser, en haut et en bas, suivant son auditoire, de mots piquants et entraînants. Le cuivre mêle son enrouement à celui du pître et parfois la recette est bonne.

N'en est-il pas de même ici ?

On aurait pu et dû se contenter de citer quelques noms d'historiens fameux et intéressants, il n'en manque pas. C'était trop simple. Le Catalogue avait commencé par d'ineptes insultes aux croyances religieuses, il devait finir de même.

Je n'invente rien, lisez :

« *Page* 19 : *Il y a eu bien des manières d'écrire l'histoire...* (témoin la vôtre).

Dans la Bible on fait intervenir la Divinité dans tous les événements racontés.

Il vient parfois à l'esprit des historiens des interventions de la Divinité bien amusantes : j'ai là sous les yeux la Bible où je lis :

IV Rois, chap. 24. Histoire de Nabuchodonosor.

« *Alors le Seigneur envoya des voleurs de Chaldée, de Syrie, de Moab, contre Juda pour l'exterminer ! Ce mélange de Dieu avec des voleurs n'est pas dépourvu de charmes...* »

Pour un peu, le bon Dieu deviendrait un chef de bandits.

Si Dieu était si mauvais que cela, il serait mieux vu de nos jours, Monsieur le conseiller général !

Dieu était-il donc avec Attila, parce que ce fléau de Dieu, ce barbare indompté, à la tête de ses hordes, avait reçu la mission providentielle de punir le vieux monde romain de sa honteuse corruption ! Laissez donc les voleurs de Chaldée, de Syrie, de Moab (ces petits voleurs, « *latrunculi* » dit le texte sacré), et dites-nous si c'est au nom de Dieu et avec son concours que les grands voleurs de nos jours crochètent, pillent les églises et dévastent les belles propriétés ? On vient de juger à Versailles une quinzaine de ces aimables Chaldéens, et parmi les volés, il y avait une trentaine de ministres de Dieu, catholiques et protestants.

Il paraît que ce n'est plus comme au temps de Nabuchodonosor !

Suivent diverses appréciations, inexactes assurément selon moi, mais que je veux relever à peine, parce qu'on pourrait croire que je transforme le débat en discussion politique.

La question est plus haute. Il s'agit bien de savoir sous quelle forme seront administrés les divers royaumes de la terre ! Choisissez celle que vous voudrez, mais gardez-la toujours, sans vous occuper de savoir si vous êtes du côté du manche.

Pour moi, catholique, je ne m'occupe surtout ici que du royaume du Ciel, c'est-à-dire de la Religion, et je demande ce qui devrait pouvoir m'être donné, même en temps de liberté officiellement et bruyamment proclamée, le respect de mes convictions religieuses, qui sont les miennes, et celles des vôtres !

Que m'importe après cela, que je lise ceci ?

« *Page* 19 : *Les monarchies ne supportaient que des louanges et étaient bien plus préoccupées de supprimer l'histoire que de l'écrire : quand on était trop près des événements pour les supprimer, on les dénaturait.* »

Et la preuve vient aussitôt :

« *Page* 19 : *Un des exemples les plus fameux du sans-gêne avec lequel, pour tromper les générations à venir, on dénature les faits, se* *trouve dans l'histoire de France du Père Loriquet ! Ce Jésuite, pour faire croire aux enfants élevés dans les couvents que les Français ont été toujours gouvernés par des rois de droit divin, se transmettant les pouvoirs qu'ils avaient reçus de Dieu, prend le parti de représenter Napoléon Ier comme un lieutenant de Louis XVIII. Et c'était encore le seul livre dans lequel on enseignait l'histoire dans les couvents sous Napoléon III ; il a fallu une interpellation aux Chambres pour faire cesser ce scandale.* »

Je jure que je n'aimerais pas à faire ce vilain métier, mais je m'engage solennellement à coller à la prochaine occasion **vos** affiches électorales, si vous produisez le texte du Père Loriquet avec cette phrase abracadabrante.

En attendant, je réclame le texte de l'interpellation et les discours auxquels elle a donné lieu.

Je propose de plus la modification suivante à introduire dans les histoires futures, publiées sous les auspices des **descendants du Père Loriquet** :

Considérant :

Qu'il importe de faciliter aux honorables citoyens, qui n'ont pas toujours professé les mêmes opinions politiques, le **moyen** de faire oublier les pantalonnades du passé ;

Qu'à ce point de vue, le règne de Napoléon III a été l'un des plus féconds et des plus corrupteurs ;

Le peuple français réuni dans ses comices,

Décrète :

1.° Le règne de Napoléon III n'a jamais existé ;

2° Pour expliquer aux électeurs un peu difficiles cette époque ténébreuse qui comprend la période entre 1852 et 1870, il sera imposé d'office aux jeunes citoyens des écoles républicaines d'apprendre et de réciter trois fois par jour, au son de l'*Angelus*, cette formule solennelle :

Pendant dix-huit ans la France s'est endormie comme une taupe, et elle s'est réveillée le 4 septembre 1870 pour dire à la Prusse par l'organe de ses représentants librement choisis : Laissez-nous la République, et prenez l'Alsace et la Lorraine, c'est notre prix.

3° Il sera interdit, sous peine de mort, de rappeler aux anciens bonapartistes qu'ils n'ont pas toujours été républicains.

4° La statue du Père Loriquet, cet ingénieux inventeur des lieutenances-générales, sera pompeusement installée sur la place publique de chaque canton, et M. le conseiller général, un exemplaire de Dupuis à la main, le saluera comme le soleil levant.

Quand tout cela sera accompli, honorable auteur, nous prendrons jour pour causer de la baleine de Jonas. En attendant, permettez-moi de rire comme... l'enveloppe flottante de cet excellent prophète.

A propos de l'histoire, les papes ont de nouveau leurs paquets :

« *Page 20 : Comment faire croire que les papes sont les représentants d'un Dieu de justice sur la terre, si vous laissez connaître l'histoire des Borgia, d'Alexandre VI, de la papesse Jeanne, et des papes qui ont souillé le trône pontifical des vices les plus honteux et de tous les crimes!* »

Léo Taxil, cher et véridique diffamateur, tu dois être jaloux ! Si je connaissais la famille de la papesse Jeanne, je la presserais de vous assigner en dommages-intérêts, aussi bien que les Borgia dont la vie, par des travaux très récents, signés des noms les plus divers et que vous ne lirez jamais, a été tirée au clair.

Et puis, quand même les Borgia auraient fait tout ce que vous croyez, est-ce que, parce qu'il y a un conseiller général qui soit bon, tous les autres le seront également ? Sur une liste de près de trois cents papes, vous citez *un* pape, que vous ne connaissez pas, et une papesse à l'existence de laquelle vous ne croyez pas vous-même ; comme c'est fort !

La série sur l'histoire se termine par cette citation de l'illustre et courageux Paul Bert :

« *Les enfants doivent connaître notre constitution et nos lois... Quand l'instituteur parlera de Louis XIV, il rappellera les bûchers et la persécution religieuse* (encore la baraque de Toulouse !)... *Quand il enseignera la géographie, il redira l'attachement que nous éprouvons pour l'Alsace et la Lorraine, en même temps qu'il désignera le régime qui nous les fit perdre.* »

Il redira aussi, pour être complet, car c'est évidemment un oubli involontaire de la part de Bert et de l'auteur du Catalogue :

1° Qui nous avait acquis ces provinces : Louis XIV et Louis XV ;

2° Qui nous les a fait perdre.

Napoléon III, soit, mais pas tout seul ; il a été solennellement reconnu à Bordeaux, en 1871, qu'après Sedan, on aurait pu traiter à des conditions moins dures ; mais il aurait fallu rendre les clefs et le reste, et les hommes de Septembre que la France avait librement choisis (n'oublions pas ce détail) ne le voulaient pas !

3° Que ces chères provinces, pour témoigner devant le vainqueur leur attachement à la patrie française, ne trouvent pas de moyen plus énergique et plus expressif que d'élire en majorité des hommes de foi religieuse (catholiques ou protestants), montrant ainsi que l'amour de la patrie a sa plus haute manifestation dans l'amour de la Religion !

Que Dieu nous épargne ce malheur !

Mais si la mauvaise fortune des armes rattachait au sol ennemi le Canton Sud, qui donc élirions-nous pour exprimer notre douleur et nos espérances ! Un ami de Voltaire le Prussien, et un contempteur de la foi de la France catholique ? Allons donc !

CHAPITRE XII.

Quelques réflexions adressées à l'auteur du Catalogue.

Et maintenant, c'en est fini avec le Catalogue. Il me reste un devoir, pénible et doux en même temps, à remplir : on verra plus loin pourquoi je le qualifie ainsi doublement.

Mais avant de quitter définitivement le Catalogue, j'ai besoin de répéter à son auteur, qu'il n'est entré, ni dans ma pensée, ni dans mon cœur, aucune animosité personnelle.

Je n'ai pas l'honneur de le connaître, et je ne sollicite en rien l'honneur d'être connu de lui. Si quelques plaisanteries, qu'il trouvera lourdes, naturellement, et que je qualifie modestement de vives, lui paraissaient avoir dépassé les limites d'une polémique ordinaire, qu'il veuille bien relire ses pages à lui, et se demander, dans le secret de sa conscience, s'il est possible de parcourir froidement et de juger sans amertume les insultes qu'il déverse sur tout ce que les catholiques respectent.

Il y a certains points que je n'ai pas voulu toucher par une pudeur que les chrétiennes qui l'entourent comprendront mieux que lui.

Si, comme il le dit, Jésus n'est que le fils d'un charpentier, il pouvait et devait le laisser tranquille, lui et son œuvre. Je ne sache pas qu'il porte tant d'intérêt ni tant de haine d'ailleurs aux fils d'ouvriers!

Mais si Jésus-Christ est, comme je le crois avec 200 millions de Catholiques et 200 millions de Chrétiens, le Fils de Dieu, c'est-à-dire le Fils de la Vierge et non pas du charpentier Joseph, que M. le conseiller général ne l'insulte pas, ne serait-ce que parce qu'Il a des fidèles qui doivent être chères à l'insulteur! Tout à l'heure, vous nous recommandiez, Monsieur, de lire un article de Renan : je l'ai fait, et je vous soumets simplement ce nouvel extrait relatif aux préoccupations qui agitaient cet homme, quand il sentit qu'il n'avait plus la foi !

« Ma tristesse était redoublée par les douleurs que j'avais été
« obligé de causer à ma mère. J'employais, pour lui arranger
« les choses de la manière qui pouvait lui être le moins pénible,
« quelques artifices auquels j'eus peut-être tort de recourir. Ses
« lettres me déchiraient le cœur !... »

Vous n'aurez pas, Monsieur, à vous faire le même reproche que Renan. Vous aurez été moins attentif et moins prévenant que lui pour des êtres chers.

Un mot, et je finis :

Dernièrement, une grand'mère et sa petite-fille étaient dans un salon.

Le bébé saisit une brochure et veut en épeler les mots : c'était l'œuvre d'un homme bien connu, qui insultait à nos croyances.

La grand'mère l'arrête vivement :

« — Que fais-tu là ?

« — Je lis, grand'mère !

« — Tu ne peux pas lire cela ?

« — Pourquoi, grand'mère ! » reprend le bébé tout attristé,

« — C'est ton grand-père qui l'a écrit ! »

Il est vrai que je me suis laissé dire qu'un romancier pornographe et haineux fut surpris, apprenant à sa petite-fille le catéchisme de cette religion qu'il outrageait à plume que veux-tu.

« *Ainsi soit-il* » dirai-je avec l'auteur du Catalogue, *et pour ceux que cela satisfait.* »

CHAPITRE XIII.

Lettre aux Cinq.

Messieurs, et très chers Coreligionnaires,

J'avais grande hâte, vous pouvez le croire, de m'adresser directement à vous : plusieurs raisons m'en faisaient un strict devoir.

D'abord : l'absolue nécessité où je suis de vous faire toutes mes excuses pour les quelques plaisanteries, oubliées déjà, j'en suis sûr, en raison de votre monomanie chrétienne, et qui me sont échappées au cours de cette discussion.

J'ai divulgué un de vos secrets les plus terribles, je le sais, en narrant cette expédition homérique que vous inspira le sentiment trop exalté de votre foi religieuse.

Que n'ai-je été alors connu de vous ! Comme je serais arrivé bon Sixième sous la coupole de l'Institut, au soir de ce jour fameux ! Que ce regret, bien sincèrement exprimé, ne vous fasse pas hésiter un instant de plus à me pardonner !

Un autre motif me mettait dans l'impérieuse nécessité de causer avec vous. Vous le dirai-je ? C'est la profonde pitié et la douloureuse sympathie que vous m'inspirez ! Quelle imprudence a été la vôtre, ô bien aimés frères ! Ah ! si vous étiez la majorité, je ne vous parlerais pas si durement. Mais Cinq sur 3112, et Cinq répartis en deux communes, comment voulez-vous que je pousse l'oubli de moi-même jusqu'à vous respecter? Il est bien vrai que ce nombre Cinq est un nombre fameux, et rendu célèbre dans nos luttes parlementaires du passé. Ils étaient Cinq d'abord, vous le savez, ces intrépides, qui, au Corps législatif, sous le second Empire (c'est un rêve, mais supposons pour un instant qu'il a existé) tenaient haut et ferme le drapeau de l'opposition républicaine ! Ils auraient certainement été Six, si l'ardeur des convictions d'alors avait été récompensée comme elle le méritait !

Enfin :

« Le temps, qui change tout, change aussi nos humeurs. »

Ajoutons de notre cru :

Et les tourne parfois en bile bien haineuse.

Mais, je vous en supplie, expliquez-moi ce mystère, presque aussi impénétrable pour moi que l'est pour notre éminent contradicteur celui de la Trinité chrétienne :

Comment a-t-on pu vous connaître ?

Auriez-vous, infortunés, rétabli contre vous l'usage suranné de la confession publique ?

Vite, je vous prie, transformez-la, ainsi que le veut l'évolution de la discipline ecclésiastique (voyez notre auteur), en confession auriculaire.

Et même, si vous avez pris ce dernier moyen pour satisfaire votre monomanie religieuse, êtes-vous bien sûrs de la discrétion de la noire soutane devant laquelle vous vous êtes agenouillés ? Car, ne l'oubliez pas, notre auteur le dit, c'est devant la soutane que nous nous agenouillons :

« *Page 11... et qui par conséquent admettent que le Curé ait reçu du Ciel le pouvoir de remettre les péchés à ceux qui consentent à s'agenouiller devant SA SOUTANE.* »

D'où, cette idée lumineuse qui me vient et que je vous communique généreusement : désormais nous aurons à domicile une soutane, nous nous agenouillerons devant elle, et ce sera fait. Pas n'est besoin d'avoir un corps humain pour animer ce funèbre vêtement, pas plus qu'il n'est nécessaire d'avoir beaucoup de convenance et un peu de science historique pour lancer bruyamment un Catalogue de Bibliothèque communale !

Mais encore, ma perplexité est toujours la même : comment vous a-t-on découverts ? Vous affichez donc à votre porte vos billets de confession ? L'évêque a donc torturé le malheureux prêtre qui vous a entendus, achetant ainsi d'une révélation voulue d'ailleurs par les mœurs ecclésiastiques (voyez plus haut et page 13 du Catalogue l'organisation policière qui résulte de la confession) son absolution de ce défenseur des prêtres âgés et infirmes ? Nous y reviendrons.

Que n'avez-vous été aussi prévoyants que votre obscur correspondant !

Moi, je ne me confesse que masqué ; et quand le prêtre, obéissant à son devoir, je ne le nie pas, me demande mon nom, je réponds effrontément et sans sourciller : Jules ! Ce qui provoque toujours chez lui un certain étonnement, je ne sais pourquoi. Il paraît que les Jules ne donnent pas beaucoup dans la soutane.

Dussè-je vous paraître indiscret, j'allais dire sciant (entre Beaucerons c'est permis), j'insiste de rechef, et comme il n'est pas probable que vous avouiez jamais votre faiblesse, je pense que vous êtes les victimes de l'Inquisition : « LES CRIMES » se sont vengés ainsi de la basse fonction que vous leur avez infligée. Mais, Beaucerons mes frères, que vous en semble ? L'Inquisition d'autrefois n'est rien auprès de celle d'aujourd'hui.

Pourtant, je m'empresse d'ajouter que l'honorable auteur du Catalogue est dans une lamentable erreur.

Nous sommes Six sur 3112 : j'ose l'avouer, je suis le sixième, et je serais enchanté de faire votre connaissance. Je n'habite aucune des deux communes infectées (mille pardons !) : je suis fixé dans une troisième, et même, au temps de Pâques, je me répartis aussi, tout comme vous, en deux communes.

Pour être Catholique et même Beauceron, on n'en est pas plus savant pour cela, l'auteur du Catalogue nous l'a bien prouvé, hélas ! Donc, pour parfaire mon instruction, j'ai quelques petites questions à vous poser : vous pouvez me répondre sans crainte, vous êtes perdus, c'est dire que vous ne sauriez être plus compromis que vous ne l'êtes.

Est-il vrai que celui qui attaque aujourd'hui si violemment la Religion et qui en insulte les ministres de la manière que vous savez, fut pris un jour d'un beau zèle pour ces mêmes prêtres, alors qu'ils arrivent à l'état si intéressant de prêtres âgés et infirmes? Je me suis laissé raconter qu'il avait eu des émotions indicibles en présence des iniquités qui se commettaient en haut lieu. Il ne s'agissait de rien moins que de détournements frauduleux, disons le mot, de vols tortueux et dissimulés, commis dans une caisse noire, au détriment d'hommes noirs, par un homme habillé de violet, qui, notre Conseiller tout rouge le jurait, ne devait pas sortir blanc de l'affaire, pour avoir fait passer tant d'argent au bleu !

Il se déclarait donc l'ami des prêtres, l'avocat, le défenseur des petits, des dépouillés, des desservants, et cela contre un évêque : c'est grand de protéger, au prix même de sa popularité, le faible contre la tyrannie du fort !

Que le vénérable évêque me permette ce retour facétieux sur le Catalogue ; mais en agissant ainsi (*page* 19 *du Catalogue : Histoire de Nabuchodonosor* ; voyez plus haut), il allait devenir, à titre de *latrunculus*, et comme un vulgaire Chaldéen, l'allié de la Divinité !

Les prêtres, les victimes, protestèrent. L'accusé eut la condescendance d'offrir à l'accusateur de contrôler lui-même tous les écrits, états, quittances, reçus, etc., etc., relatifs à cette sombre caisse.

Vous pensez peut-être que ce défenseur du bas-clergé accepta l'offre ? Il refusa de rien voir, de rien examiner, et de sa voix flutée, obséquieuse, il invita le vénérable prélat à descendre chez lui. Descendre chez lui, comme c'était bien dit ! Non pas certes que ce fût trop bas, un évêque sait toujours pardonner et son pardon relève ; mais il ne fallait pas jouer la comédie, n'est-ce pas ? L'évêque refusa en termes significatifs.

Le sauveur de la caisse se le tint pour dit, pas au point cependant de refuser de s'asseoir à la table du curé, non, de l'agent policier de l'évêque, avec ce même évêque, et d'entamer après boire (vous avez donc du bon vin, excellent curé !), une dissertation légère et opportune sur le célibat ecclésiastique.

Si je me trompe, Beaucerons mes frères, répondez-moi ; mais

je dois vous prévenir que j'ai abusé de la confession, pour me renseigner sur tous ces détails : d'ailleurs je ne suis que l'écho de la rumeur publique.

Que pensez-vous de cette logique, de cette conduite si uniforme, de ces procédés si pleins de délicatesse et de suite ?

Je ne vois pas bien, je l'avoue, ce qu'il y a de grand et de chevaleresque à vouloir arracher l'honneur à ces mêmes vieux prêtres, auxquels on prétend faire restituer le morceau de pain que leur volait leur évêque !

J'aurais bien encore à vous poser cette question : Quelle est donc cette double liste (rien d'électoral) d'invitations faites à l'occasion d'un mariage ?

D'un côté, pour les frères et amis, tout est civil : Vive M. le Maire seulement ! Jules est là ! D'un autre côté, prière de venir à la Madeleine s'il vous plait, où un archevêque (pas un évêque, qui ne serait pas venu seul, voyez le Catalogue et Timothée), bénira le mariage et toute l'assistance émue. O Nicodème ! tu n'est pas mort. Mais au moins, toi, tu n'opérais que la nuit !

J'ai fini, Messieurs et chers coreligionnaires : pardon d'avoir abusé de votre patience. Si vous croyez devoir me répondre, adressez-moi, je vous prie, vos lettres chez M. le Conservateur de la Bibliothèque communale de Saint-Arnoult.

A partir de demain soir, un homme noir, masqué, armé jusqu'aux dents, se présentera chez cet honorable fonctionnaire que vous aurez eu l'obligeance de prévenir, en le priant de remettre vos plis scellés et cachetés de la cire inquisitoriale à celui qui se déclare,

Votre très dévoué serviteur et ami,

    Le Sixième Beauceron Catholique
    du Canton Sud.

FIN

TABLE DES MATIÈRES

	Pages.
AVANT-PROPOS	5
PRÉFACE	7
CHAPITRE PREMIER. — Exhortation charitable. — Précautions sanitaires. — Famille désintéressée. — Innocente personnalité. — Pauvre bibliothécaire !	9
CHAP. II. — Tous monomanes. — Tuons les Cinq. — C'est le lapin qui a commencé. — Mon grand-père était pompier. — Épouse et maîtresse.	11
CHAP. III. — Fort en grec. — Les Sœurs et Sa Majesté le Choléra. — Affreuses mutilations. — Pauvres Jésuites ! Immoraux, mais pas seuls à mentir. — Les tonnes *des Crimes* ou enfoncé l'Odyssée. — Un bon curé	13
CHAP. IV. — Le nombre anti-clérical. — Ainsi soit-il plein d'onction. — Si nous allions au catéchisme ! — Sujet pour la baraque de Toulouse.	20
CHAP. V. — Un diable de chiffre qui résiste ! — Apostasie et naturalisation. — Question sur le recensement dernier. — Un émule de Richelieu.	22
CHAP. VI. — Comparaison entre 1074 et 1515. — Apprenez la grammaire, barbare ! — Les co-Mères de l'Église. — Le nom des co-sœurs de Catherine Bora, s'il vous plaît ? — La première à Timothée ou le ménage des gens d'Église. — Les crimes de Limours et de Dourdan ne resteront plus impunis. — Saint Houy. — Moyen d'arriver à l'épiscopat	24
CHAP. VII. — Bonne récompense à qui retrouvera le texte. — Crétin de public ! — Les mystères de la police cléricale. — Séduire et épouser, tout est là. — Nouveau calendrier extra-républicain. — Un candidat à la Papauté. — Supériorité du voyou. — Anecdote sur le *Syllabus*	29
CHAP. VIII. — La vérité n'est pas au fonds *Dupuis*. — Pauvres Juifs ! — Panégyrique de Voltaire catholique et patriote. — Buffon, Linné, Cuvier, tous vendus au cléricalisme ! — Leçon de convenance donnée par Renan	33
CHAP. IX. — Déluge de bêtises. — Encore Cuvier ; il est incorrigible ! — Toutes les bêtes n'étaient pas dans l'Arche. — L'amiral suisse et l'amiral Thévenard. — Noé et la loi Trévenenc. — Faut de l'engrais ! — Quelle chute originelle, mes enfants !	37
CHAP. X. — Transition odorante. — Se défier de ses anciens alliés. — Albert, tu t'es mal conduit ! — Lisez Albert, je vous en prie. — Ne manquez pas de lire le *Manuel de la rage*	40
CHAP. XI. — L'Archange saint Mandrin. — Pas de politique ! — Le petit Caporal élevé subitement au grade de lieutenant-général ! — Le peuple français décrété. — Est-il permis de rire comme une baleine ! — Une rectification nécessaire sur l'histoire de l'Alsace et de la Lorraine	45
CHAP. XII. — Quelques réflexions adressées à l'auteur du Catalogue	49
CHAP. XIII. — Lettre aux Cinq	51

VERSAILLES. — L. RONCE, IMPRIMEUR, RUE DU POTAGER, 9.

VERSAILLES. — L. RONCE, IMPRIMEUR

Rue du Potager, 9

www.ingramcontent.com/pod-product-compliance
Lightning Source LLC
LaVergne TN
LVHW021747080426
835510LV00010B/1354